STSSL
STANDARD TEST OF SPORT SKILL LEVEL

CSEA
CHINA SPORTS EDUCATION ALLIANCE

青少年网球运动
技能等级标准与测试方法

全国青少年运动技能等级标准研制组　组编

科 学 出 版 社
北 京

内 容 简 介

本书介绍了青少年网球运动技能等级标准与测试方法，主要内容包括“测试场地、器材、设备及人员配备要求”“测试的总体要求”“各等级测试科目”“一～九级测试方法”。各级测试方法中规定了该级测试的科目、方法及要求、达标标准，并对测试过程中的要点辅以图示及说明。

本书可供国家及各级教育主管部门、体育主管部门，各级体育协会，体育院校及中小学校，社会性体育培训组织相关人员参考、使用。

图书在版编目（CIP）数据

青少年网球运动技能等级标准与测试方法／陈佩杰，唐炎主编．—北京：科学出版社，2018.4

（青少年运动技能等级标准与测试方法）

ISBN 978-7-03-057040-6

Ⅰ．①青… Ⅱ．①陈… ②唐… Ⅲ．①网球运动－称号等级（体育）－标准 ②网球运动－称号等级（体育）－测试方法 Ⅳ．①G845

中国版本图书馆CIP数据核字（2018）第055608号

责任编辑：潘志坚

责任印制：谭宏宇／封面设计：殷 靓

科学出版社 出版

北京东黄城根北街16号

邮政编码：100717

http://www.sciencep.com

南京展望文化发展有限公司排版

苏州越洋印刷有限公司印刷

科学出版社发行 各地新华书店经销

*

2018年4月第 一 版 开本：B5（720×1 000）

2018年4月第一次印刷 印张：3 1/4

字数：44 000

定价：50.00元

（如有印装质量问题，我社负责调换）

《青少年运动技能等级标准与测试方法》丛书
编辑委员会

《青少年运动技能等级标准与测试方法》丛书
专家指导委员会

《青少年网球运动技能等级标准与测试方法》编辑委员会

执行主编

史芙英　罗晓洁

编　委

（按姓氏笔画排序）

卢志泉　史芙英　陈周业　罗晓洁
钟建荣　修　晨　盛　怡　蒋　健
管　颖　霍倩文

丛书序

2017年11月，国家体育总局、教育部、中央文明办、发展改革委、民政部、财政部和共青团中央7部门联合制定出台了《青少年体育活动促进计划》，明确提出"研究建立青少年运动技能等级评定标准"，并要求"各级教育部门应将运动技能等级纳入学生综合素质评价体系"。运动技能水平是衡量个体体育综合能力的关键指标，让青少年掌握1～2项运动技能是国家对青少年体育教育的基本要求。然而，如何客观有效地评判青少年运动技能的掌握水平，我们还缺乏一套行之有效的标准。毋庸讳言，当前运动技能等级标准的缺失已经成为制约青少年体育改革发展的主要因素。这对学校体育与健康课程改革的效果检验和深入推进、青少年体育素养水平评价的实施及社会性青少年体育培训的规范开展都造成了影响。因此，制定一套能展现运动项目特征、反映运动技能进阶规律、科学性强且便于测试的"青少年运动技能等级标准"（以下简称"标准"）已迫在眉睫。

2016年3月，上海体育学院组建了"标准"研制组开展相关工作。经过广泛的专题调研和充分的分析讨论后，研制组确立了四等十二级制的"标准"体系构架，并以"标准"指标能反映运动项目的实际运用能力、能反映个体运动技能水平的变化、能促进青少年运动参与的积极性、能与竞技体育运动等级标准有效衔接为基本思路，依托中国乒乓球学院强大的科研力量，以乒乓球运动技能等级标准的研制为突破口，以点带面地推进研制工作。2017年4月12日，研制组首先发布了《青少年乒乓球运动技能等级标准》（以下简称《乒乓球标准》）。《乒乓球标准》的发布得到了中国乒乓球协会与上海市教委相关领导、乒乓球界多位名宿与专家的高度肯定，国家体育总局官网、新华网、环球网等数十家媒体予以报道。在《乒乓球标准》成功发布的基础上，研制组进一步优化研制思路和路径。又历时1年，经过对9 000余名青少年进行测试和数十轮专家研讨，研制组先后完成了足球、篮球、排球、羽毛球、网球、高尔夫球、田径、体操、游泳、武术10个运动项目的"标准"研制工作。上海市学生体育协会对"标准"高度认可，并采纳其全部内容用于促进青少年学生体育活动的开展工作。同时,“标准”已作为行业主体在上海市质量技术监督局申请为“团体标准”。“标准”的正式出台对于推动青少年体育发展可以起到以下几方面的作用。第一,“标准”的体系构架能够实现普通青少年与精英运动员的运动技能水平评定的衔接,能够为体育管理部门掌握青少年运动技能等级分布情况、规划运动项目发展方向提供支撑。第二,“标准”的指标设计充分考虑到运动项目参与主体的获得感,青少年在每一阶段的进步均能通过等级的进阶得到证明,从而更好地激发和维持青少年积极参与运动的热情。第三,“标准”在对个体参与测试的资格上添加了运动经历的要素,要求被测者从进入“提高级”的测试开始,必须要具备相应的运动经历才能参与测试。这样的设置突出了“标准”作为评价工具的发展功能,能够避免青少年将技能等级提升与运动实践相割裂的弊端,从而更好地带动青少年积极运动。第四,“标准”指标体系的科学性及测试方法的便捷性能够为学校开展体育技能教学、评定学生体育技能水平提供技术支撑,能够为教育部门开展学生体育素养测评提供科学便捷的工具,更好地实践体育与健康课程的育人价值。第五,“标准”能够为各种青少年体育培训机构的培训质量提供明确的评价依据。当前,青少年体育培训机构虽然蓬勃发展,但也良莠不齐。评价培训质量的指标较多,而青少年运动技能水平的提升程度无疑才是评价培训质量优劣的重要参考。

从提出研制思路到最终成稿,上海市教委都给予了极大的支持与帮助。同时,上海体育学院国家社会科学基金重大项目《中国儿童青少年体育健身大数据平台建设研究》研究团队从项目设计开始,就将“标准”的研制作为主要的研究任务之一,并形成了专门的研究小组进行技术攻关。此外,各运动项目领域的诸多专家及协会、众多中小学学校及社会性体育培训机构也在本“标准”的研制过程中提供了大量帮助。在此,向所有为“标准”的研制工作贡献力量的人员表示衷心的感谢!

受制于学识的限制,“标准”肯定存在着诸多不完善的地方。因此,恳请广大专家学者以及应用“标准”的相关机构、组织及个人不吝赐教,多提宝贵意见,为“标准”的进一步完善提供真知灼见!

陈佩杰　唐　炎

2018年3月12日

编写说明

让青少年掌握1～2项运动技能是国家对青少年体育教育的基本要求。然而，如何评定青少年运动技能水平，尚没有客观且有效的评价标准及测试方法。上海体育学院组建了青少年运动技能等级标准研制组，共历时2年左右，首期研制了乒乓球、足球、篮球、排球、羽毛球、网球、田径、体操、游泳、武术、高尔夫球11个运动项目的技能等级标准与测试方法。

《青少年运动技能等级标准与测试方法》丛书的编写特点如下：

- 科学性强　基于万余名青少年的测试数据，经过数十轮专家论证而制定。各等级的测试科目基本涵盖了该项运动的主要技术，体现了运动项目的本质特征和运动技能的进阶规律。
- 客观性强　研制过程中尽可能采用智能化的测试手段，能够有效避免主观因素。此外，还对各运动项目的测试场地、器材、设备、测试者及被测试者提出了统一要求，从而保证了不同测试基地间测量的可信度。
- 操作性强　在保证科学性和客观性的基础上，力求各运动项目等级的测试方法更简单易行，耗时更少。
- 引领性强　不同运动项目的相同等级难度设置基本对等，具有一定的层次性。从"提高级"开始，要求具备相应的运动经历，能够激发和维持青少年的运动参与热情。
- 贯通性强　能与现行的《运动员技术等级标准》及高水平竞技运动有效衔接，从而实现普通青少年与运动精英在技能上的贯通。
- 直观性强　各等级测试过程中的要点均辅以图片进行说明，且每项测试科目都配有示范内容的视频，通过扫描二维码，即可直观、便捷地了解测试内容与方法。

目 录

三级测试

四~六级测试

七~九级测试

青少年网球运动技能等级标准与测试方法

网球运动是一项风靡全球的国际化运动，因兼具高雅与时尚、娱乐与竞技等特点，受到大众的喜爱。青少年参与网球运动既能锻炼身体、增强体质健康；又能休闲娱乐，舒缓学业压力；还益于陶冶情操、提升个人修养品味。同时网球还是一项使不同年龄层身心受益的终身运动。为了帮助青少年掌握1～2项运动技能，促进青少年健康成长，推动网球运动的良好发展，特制定“青少年网球运动技能标准”（以下简称“标准”）。本“标准”在整体上采用四等十二级制。其中，一～三级为入门级，四～六级为提高级，七～九级为专业级，十～十二级为精英级。本“标准”仅针对一～九级，预留十～十二级与高水平运动员等级相衔接。

测试场地、器材、设备及人员配备要求

场地

运用“标准”进行网球技能等级测试时，要求在标准网球场地，其中球场双打边线外至挡网之间不少于3.66米空地，球场端线后至挡网不少于6.4米空地，两片相邻场地之间不少于5米。室内场地空间高度不低于12.8米。室外测试时应在较为适宜的天气条件下进行，避免在恶劣天气条件下进行测评。室内测试时，场地需可容纳一定数量的被测试者，并且符合标准网球场地。二级测试场地需墙高不低于3米，宽不少于10米。

器材

运用“标准”进行网球技能等级进行测试时，需要运用的测试器材包括：皮尺、橙色球（50%气压）、标准压网球、标志（线、碟）、秒表、口哨、成绩记录表、桌子、椅子、球筐。其中一～二级测试使用橙色球，三～九级测试使用标准压网球。橙色球与标准压球均不少于80只。所有被测试者球拍自备，一、二级测试可使用儿童网球拍，三级以上被测试者用拍需符合国际网联（ITF）对网球拍的认证规格。

设备

医用急救包1套，全程录像设备1套；专用电脑2台，配备网络接口，并保证网络畅通。

人员

考官：至少3名，包括主考官、记分员、报分员。

助考：2名以上。

其他考务人员：若干名。

测试的
总体要求

测试规则

被测试者首次申请测试可从任一等级开始，但应对自己的水平有一定的预估。首次测试通过后方可申请高一等级的测试，不通过者须至少降一等级重新申请。

本“标准”遵循国际网联（ITF）颁布的网球竞赛规则，测试方法及动作以该“标准”的规定为准，如违反网球竞赛规则及“标准”测试方法的要求，将停止测试。被测试者一次报名每个科目只有一次测试机会。

被测试者要求

被测试者在测试前应进行不低于15分钟的热身活动，并熟悉测试内容。在此基础上，按照编号依次进行单项内容的测试。测试时，应穿着较为宽松轻便的运动服，夏天可穿运动短袖和短裤，脚穿运动鞋或专业网球鞋。非运动鞋禁止进入测试场地。

从四级开始要求被测试者应具有一定的比赛经历。申请四～六级的测试须参加过县级及以上政府相关部门主办的比赛，或者以“标准杯”冠名的相应级别比赛，或者经“标准”委员会认定的比赛。申请七～九级的测试须参加过地市级及以上政府相关部门主办的比赛，或者以“标准杯”冠名的相应级别比赛，或者经“标准”委员会认定的比赛。

考官要求

主考官及助考必须身着专用测试服装参加测试。测试前考官必须认真检查测试场地、器材及设备，提醒被测试者做好充分的准备活动。

主考官资质：应为获得国家二级及以上网球裁判证书者，或体育院校网球专项教师且具有讲师以上职称者，或是经“标准”委员会资格认定的考官。所有考官均应无不良执裁记录。

助考资质：应为获得国家二级及以上网球运动员证书或达到网球“标准”测试七级及以上经培训合格后人员。

测试点要求

测试点必须保持测试场地干净、整洁、卫生、明亮，无易造成伤害事故的坚硬物体等或其他安全隐患，室内场地必须有安全出口和紧急疏散通道。整个测试过程须全程录像。

各等级测试科目

各等级测试科目一览表

等　级	科目一	科目二	科目三	科目四
一　级	持拍颠球			
二　级	对墙击落地球			
三　级	底线定点击落地球	下手发球		
四～六级	底线击落地球	网前截击	上手发球	
七～九级	底线击落地球（深度）	底线击落地球（精度）	网前截击	上手发球

一级测试

LEVEL 1 TEST

科目：持拍颠球

测试方法及要求

被测试者听到考官开始口令后，使用任意拍面，向上连续凌空颠球，球掉落地可捡起继续。颠球时，如一只脚出规定区域（中线、发球线、双打边线及球网组成）或踩在区域的线，该次颠球不计入测试成绩，测评时间为1分钟。记录被测试者在测评时间内累计完成的颠球数量。

要求必须在规定区域使用标准橙色球进行测试。可在规定区域内移动。

要点图示及说明

持拍颠球

（1）连续凌空颠球，球掉落地上为失误，不计入成绩。

（2）两脚需站在规定区域内完成测试，只要有一脚踩线或出规定区域，该次颠球不计入成绩，待双脚调整回规定区域继续测试。

● 双脚在规定区域内进行测试

- 考生在规定区域使用标准橙色球，运用任意拍面，向上凌空颠球，进行测试

达标标准

一级测试中被测试者在1分钟内累计完成的颠球数量≥36次，则通过该等级。

二级测试

LEVEL 2 TEST

科目：对墙击落地球

测试方法及要求

被测试者站在规定位置，听到考官开始口令后，任意运用正手或反手对墙击落地球，被测试者双脚必须在站位有效区域内击球，将球击入规定击球区域为有效击球。被测试者凌空击球，或只要一只脚出站位有效区域击落地球，均为无效击球。若测试时间内击球中断，可将球捡起（或使用另一备用球）继续击球，重新发球一球不计入测评成绩，测评时间为1分钟。

测试使用标准橙色球。距离垂直平整墙面4米以外为站位有效区域。高0.914米以上、宽8.23米以内墙面为击球落点规定区域。

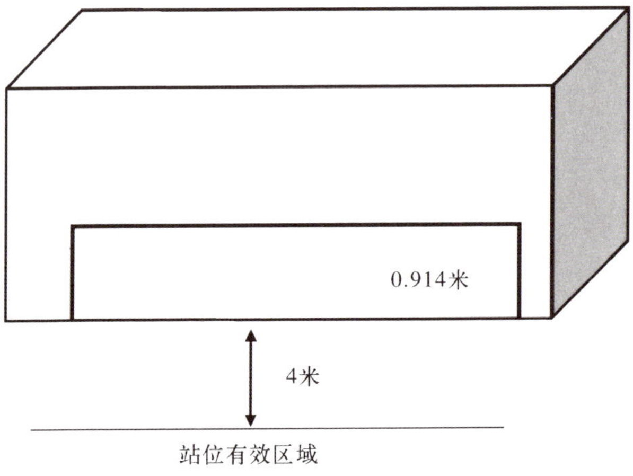

对墙击落地球测试场地图示

要点图示及说明

对墙击落地球

（1）需双脚均在有效区域内击球。
（2）凌空球可作为调整击球，但不计入测试成绩。
（3）连续击球中断后可再重新发球继续测试。
（4）发球一球均不计入测试成绩。

- 听到裁判员口令后，考生站在有效区域开始击落地球

达 标 标 准

二级测试中被测试者在1分钟内累计完成的有效击球数量≥20次，则通过该等级。

三级测试

LEVEL 3 TEST

科目一：底线定点击落地球

测试方法

助考站在发球线T字线后下手隔网定点送球，被测试者站于发球线3米后中点处，首先击5个正手落地球，然后击5个反手落地球，共10球，击球过网至单打有效区域为有效击球。

测试要求

反手位击球不可侧身用正手。

评分方法

记录被测试者有效击球次数，正、反手合计有效击球≥6球，为该科目合格。

要点图示及说明

底线定点击落地球

（1）凌空回击球为无效击球。

（2）回球落点在单打区域内为有效击球。

● 被测试者站于发球线3米后中点处

● 击球过网至单打有效区域为有效击球

科目二：下手发球

测试方法及要求

被测试者按照网球竞赛规则规定的单打发球站位，运用下手方式发球，发球顺序为1区6球，2区6球，共12球，发球至发球有效区域为有效击球，球擦网入有效区域后该球重发。测试总时长不得超过2分钟。

要求：超出2分钟终止测试。只记录2分钟完成的有效击球。

评分方法

记录被测试者在规定时间内完成的有效发球次数，1区、2区合计有效击球≥8球，为该科目合格。

要点图示及说明

下手发球

（1）站位在端线后、中点与单打边线假定延长线之间。出现网球竞赛规则所定义的“脚误”，该球不计成绩。

（2）必须采用凌空击球方式，上手、下手发球均可使用。球落地后再击球为发球失误。

（3）球没有发到规定区域及发错区均为发球失误，不计成绩。

• 站位在端线后、中点与单打边线假定延长线之间

• 采用凌空击球方式，上手、下手发球均可使用

达 标 标 准

三级测试中两个科目均合格，为通过该级别。

四～六级测试

LEVEL 4～6 TEST

科目一：底线击落地球

测试方法及要求

助考站于端线后中点附近下手隔网定点送球，被测试者站于端线后中点准备，测试中交替使用正反手击球技术击落地球，共10球。

要求：左区位必须使用反拍击球。

评分方法

考官按被测试者有效击球第一落点各区域的分值记录得分，区域外计0分，如球打在两个交界线或点上，记录分值较高分值。10个球所得分值累加为该科目得分。该科目满分为40分。

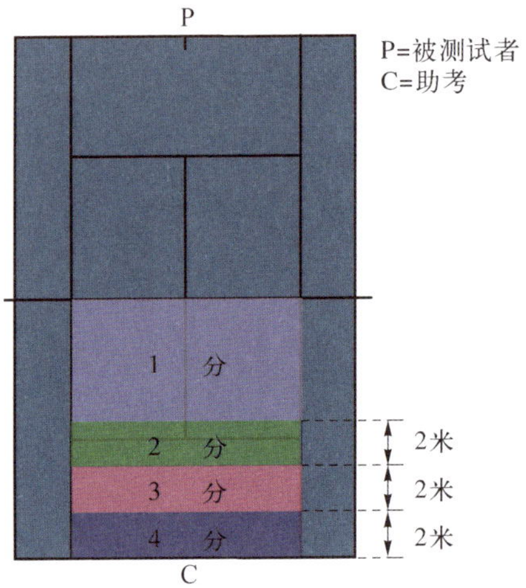

底线击落地球场地图示（四～六级）

要点图示及说明

底线击落地球

（1）被测试者必须按照一正一反左右移动击落地球。

（2）回球过网第一落点在单打场地区域为有效球。

● 被测试者站于端线后中点准备

● 助考站在端线后中点附近

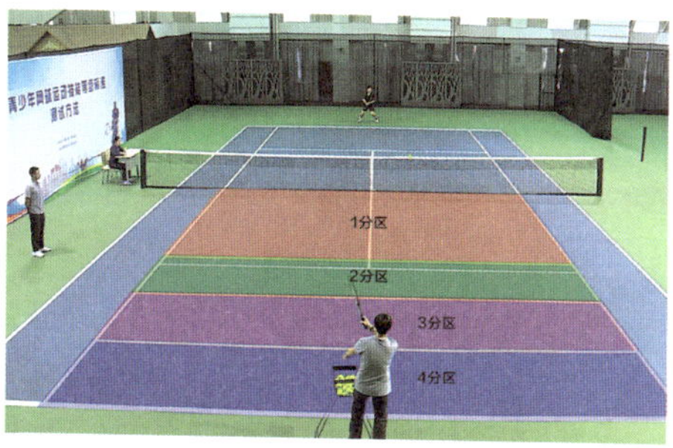

● 被测试者将球打进对方半场的不同分值区（只看第一落点），共10球

科目二：网前截击

测试方法及要求

助考站于端线后中点附近下手隔网定点送球，被测试者站在距球网3米中线处准备，测试中交替使用正反拍截击技术击球，共10球。

评分方法

考官按被测试者有效击球第一落点各区域的分值记录得分，区域外计0分，如球打在两个交界线或点上，记录分值较高分值。10个球所得分值累加为该科目得分，该科目满分为20分。

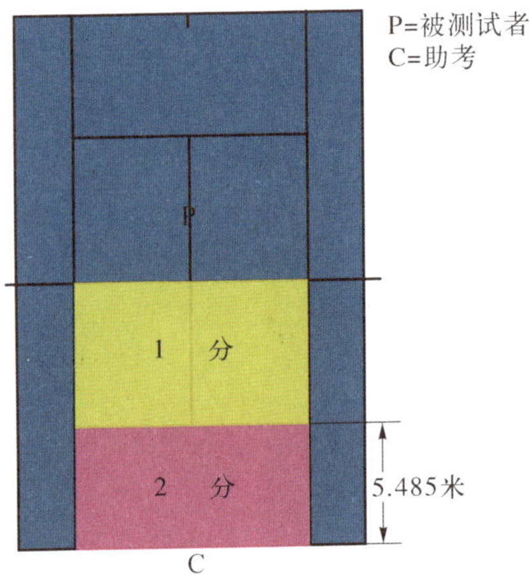

网前截击测试场地图示（四～六级）

要点图示及说明

网前截击

（1）被测试者一正一反左右移动凌空截击击球。

（2）回球过网第一落点在单打场地区域内为有效球。

● 被测试者站在距球网3米中线处准备

● 如球打在两个交界线或界点上，以高分值记录，分值越高越好

● 将来球打进有效击球区域内（只看第一落点），共10球

科目三：上手发球

测试方法及要求

被测试者按照网球竞赛规则规定的单打发球站位，运用上手发球技术进行测试。发球顺序为首先1区发6球，然后2区发6球，共发12球。球擦网入发球有效区域后该球重发。测试总时长不得超过2分钟。

要求：超出2分钟终止测试。只记录2分钟完成的有效击球。

评分方法

考官按被测试者有效发球与第二落点分值记录得分，有效发球且第二落点未过力度线计1.5分，有效发球且第二落点过力度线计3分，发球失误计0分（女生双倍区力度线向前移1.5米）。12个球所得分值累加为该科目得分，该科目满分为36分。

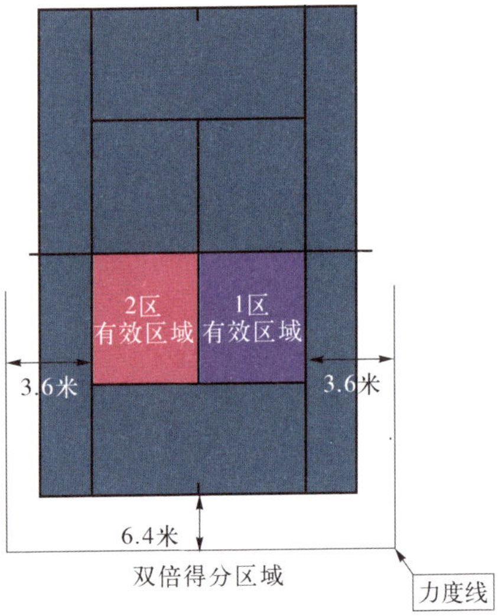

发球测试场地图示（四～六级）

要点图示及说明

上手发球

（1）站位在端线后、中点与单打边线假定延长线之间。出现网球竞赛规则所定义的“脚误”，该球不计成绩。

（2）运用击球点高于肩部击球动作凌空击球，球落地后再击球为发球失误。

（3）发球第一落地点没有发到规定区域及发错区均为发球失误，不计成绩。

（4）以有效发球及第二落地点在力度线前或后给予相应的分值。

被测试者按照网球竞赛规则规定的单打发球站位

运用击球点高于肩部击球动作凌空击球

有效发球及第二落地点在力度线前或后给予相应的分值

达 标 标 准

3项科目单项得分相加为所获四～六级测试总分数，四～六级相应等级达标标准如下。

四～六等级达标标准表

内容 等级	科目一：底线击落地球	科目二：网前截击	科目三：上手发球
四级	总分数≥45分		
五级	总分数≥60分		
六级	总分数≥71分		

七～九级测试

LEVEL 7～9 TEST

科目一：底线击落地球（深度）

测试方法及要求

助考官站于端线后中点附近下手隔网随机送球，被测试者站于端线后中点处准备，测试中根据来球任意使用正反手击球技术击落地球，共10球。

评分方法

考官按被测试者有效击球的第一落点及第二落点区域分值记录得分，有效击球第一落点相应区域分数为基础分。第二落点在底线后力度线前，在所获基础分上加1分；第二落点在力度线后，此球得分为双倍基础分；有效击球第二落点未过底线不加分。击球失误此球计0分，如球打在两个交界线或点上，记录分值较高分值。10个球所得分值累加为该科目得分，该科目满分为80分。

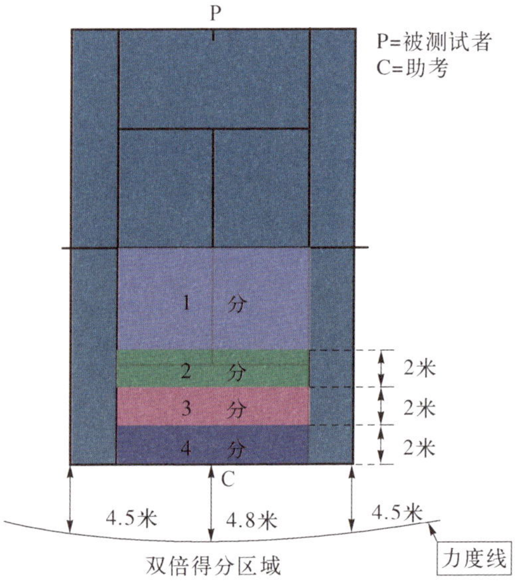

底线击落地球（深度）测试场地图示（七～九级）

要点图示及说明

底线击落地球（深度）

（1）根据来球被测试者任意使用正拍或反拍击落地球。

（2）回球过网第一落点在单打场地区域为有效球，并获得相应的分值。

（3）球的第二落点在端线后，至力度线前或后可获得不同的加分值。

● 被测试者站于端线后中点处准备

● 助考站位于端线后中点处开始下手隔网随机送球

● 球的第二落点在端线后，至力度线前或后可获得不同的加分值

科目二：底线击落地球（精度）

测试方法及要求

助考站于端线后中点附近下手隔网随机送球，被测试者站于端线后中点处准备，测试中根据来球任意使用正反拍击球技术击落地球，击球线路要求顺序为前5个球击直线，后5个击斜线，共10球。要求必须按照规定路线回球。

评分方法

考官按被测试者有效击球的线路、落点区域分值记录得分，有效击球第一落点相应区域分数为基础分；第二落点在底线后力度线前，在所获基础分上加1分；第二落点在力度线后，此球得分为双倍基础分；有效击球第二落点未过底线不加分。击球失误、未按线路击球，此球计0分，如球打在

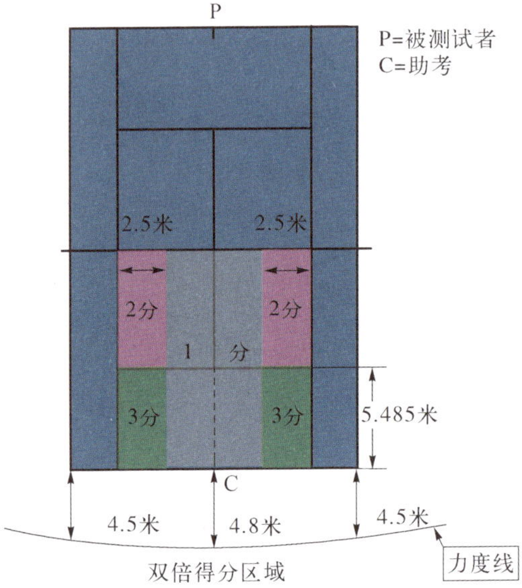

底线击落地球（精度）测试场地图示（七～九级）

两个交界线或点上，记录分值较高分值。10个球所得分值累加为该科目得分，该科目满分为60分。

要点图示及说明

底线击落地球（精度）

（1）根据来球被测试者任意使用正拍或反拍击落地球。按照测试规定的线路击直线或斜线球。

（2）回球过网第一落点在端线、单打边线、中线与中点连线之间区域为有效球，并获得相应的分值。

（3）球的第二落点在端线后，至力度线前或后可获得不同的加分值。

被测试者站于端线后中点处准备

有效击球区分为1～3分区域

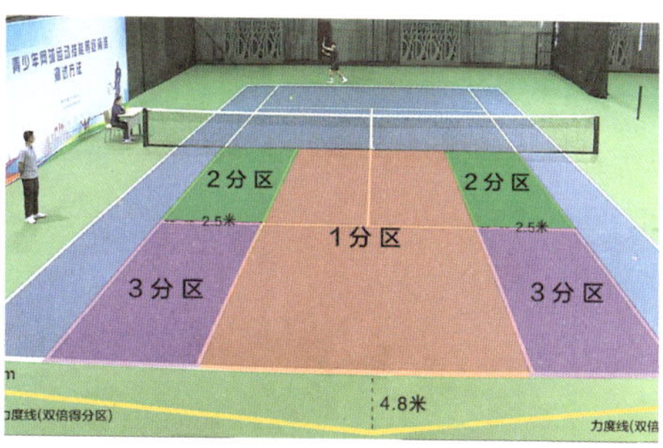

力度线按要求分为1分区域与双倍区域

科目三：网前截击

测试方法及要求

助考站于端线后中点附近下手隔网随机送球，被测试者站于距球网3米中线处准备，运用正反拍截击技术任意凌空击球，共10球。

评分方法

考官按被测试者有效击球的落点区域分值记录得分，有效击球第一落点相应区域分数为基础分：第二落点在底线后力度线前，在所获基础分上加1分；第二落点在力度线后，此球得分为双倍基础分；有效击球第二落点未过底线不加分。击球失误此球计0分，如球打在两个交界线或点上，记录分值较高分值。10个球所得分值累加为该科目得分，该科目满分为80分。

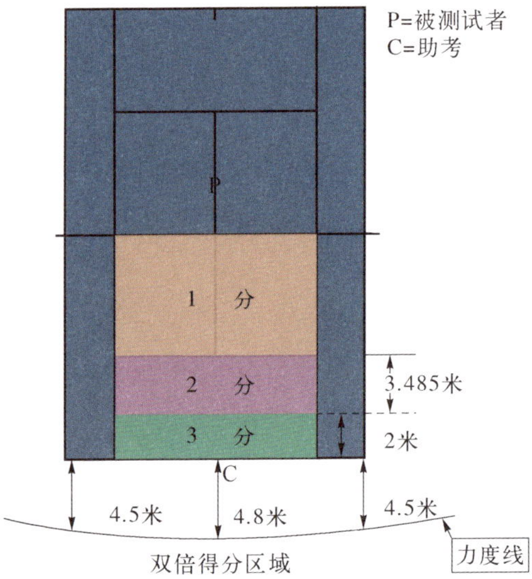

网前截击测试场地图示（七～九级）

要点图示及说明

网前截击

（1）根据来球被测试者任意使用正拍或反拍凌空截击击球。

（2）回球过网第一落点在单打场地区域为有效球，并获得相应的分值。

（3）球的第二落点在端线后，至力度线前或后可获得不同的加分值。

● 被测试者站于距球网3米中线处准备

● 裁判员按考生有效击球的落点区域分值记录得分

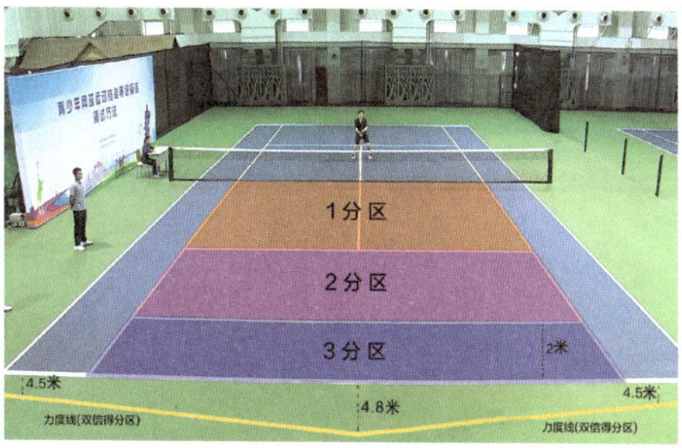

● 有效击球区分为1～3分区域，力度线按要求分为1分区域与双倍区域

科目四：上手发球

测试方法及要求

被测试者按照网球竞赛规则规定的单打发球站位，运用上手发球技术进行测试。发球线路顺序为1区外角3球，1区内角3球，2区外角3球，2区内角3球，共12球。发球擦网入发球有效区域后该球重发。测试总时长不得超过3分钟。要求：按照规定发球线路顺序进行。

评分方法

考官按被测试者有效发球的线路、落点区域分值记录得分。发球至目标区域得3分，发球至有效区域非目标区域得1.5分。发球至目标区域：第二落点在底线后力度线前，在所获基础分上加1分；第二落点在力度线后，此球得分为双倍基础分（女生双倍得分区力度线向前移1米）有效击球第二落点未

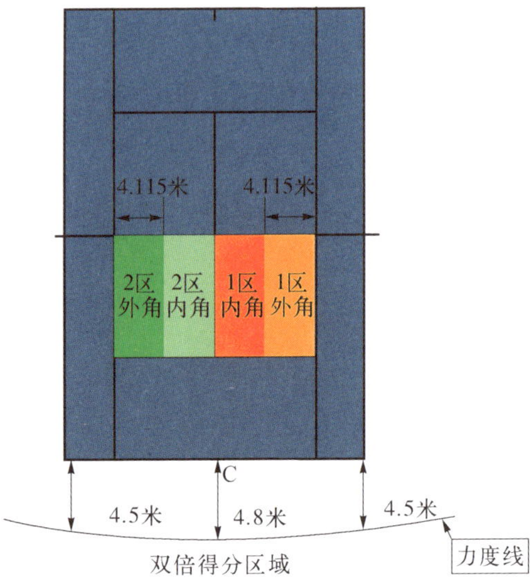

上手发球测试场地图示（七～九级）

过底线、非目标区域发球不加分。击球失误此球计0分，如球打在两个交界线或点上，记录分值较高分值。12个球所得分值累加为该科目得分，该科目满分为72分。

要点图示及说明

上手发球

（1）站位在端线后、中点与单打边线假定延长线之间。出现网球竞赛规则所定义的“脚误”，该球不计成绩。

（2）运用击球点高于肩部击球动作凌空击球，球落地后再击球为发球失误。

（3）发球第一落地点没有发到规定区域及发错区均为发球失误，不计成绩。

（4）以有效发球及第二落地点在力度线前或后给予相应的分值。

（5）按照规定的发球顺序发球。

● 被测试者按照网球竞赛规则的单打发球站位

● 发球至有效区域非目标区域得1.5分

● 裁判员按考生有效发球的线路、落点区域分值记录得分

达 标 标 准

4项科目单项得分相加为所获七～九级测试总分数，七～九级相应等级达标标准如下。

七～九等级达标标准表

内容 等级	科目一：底线击落地球（深度）	科目二：底线击落地球（精度）	科目三：网前截击	科目四：上手发球
七级	总分数≥130分			
八级	总分数≥156分			
九级	总分数≥186分			